사십편시선 004

 신현수 시선집

2012년 10월 15일 제1판 제1쇄 인쇄
2012년 10월 22일 제1판 제1쇄 발행
제1판 1쇄 발행부수 1,000부 | 총 1,000부 발행

지은이　　신현수
펴낸이　　강봉구

기획　　　사십편시선 편찬위원회
디자인　　page9 · bonggune
인쇄제본　(주)아이엠피

펴낸곳　　작은숲출판사
등록번호　제313-2010-244호
주소　　　121-894 서울시 마포구 합정동 367-9
전화　　　070-4067-8560
팩스　　　0505-499-8560
홈페이지　http://littlef2010.blog.me
이메일　　littlef2010@naver.com

ⓒ 신현수

ISBN 978-89-97581-08-5　03810
값 8,000원

※이 책은 저작권법에 따라 보호받는 저작물이므로 무단 전재와 무단 복제를 금합니다.
※이 책의 전부 또는 일부를 이용하려면 반드시 저작권자와 '작은숲출판사'의 동의를 받아야 합니다.

人人
사십
편시
선
004

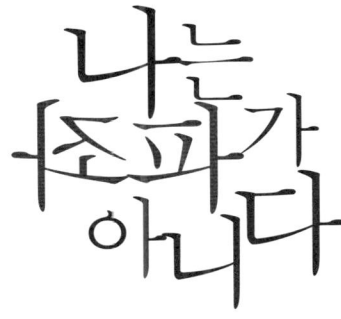

신현수 시선집

| 자서 |

언제부터 시라는 걸 쓰기 시작했나 생각해 보니, 초등학교 때
학교 문집에 실렸던 시가 생각나고, 중학교 때 무슨 백일장
대회에 나가 상 받은 일이 생각나고, 중학교 3학년 때부터 작곡을
하느라 유치한 노래 가사를 쓴 일이 생각나는데, 아무래도
본격적으로 써대기 시작한 건 고등학교 1학년 때부터인 것 같다.
따져 보니 어쨌든 40년 가까이 뭔가 끄적거려 온 것이다.
85년에 등단이란 걸 했으니 시인이란 이름을 훔친 것만 해도
올해로 벌써 27년째다. 89년, 해직되던 해에 첫 시집을 냈고,
그 후 5년마다 시집을 내서 지금까지 다섯 권의 시집을 만들었다.
그 다섯 권의 시집에서 35편을 가려 묶었다.
'사십편시선'인데 마음에 드는 시가 사십 편이 안 된다. 어차피
내 시야 시인지 이야기인지 모를 수준 낮은 것들이지만, 그래도
정리하고 보니 마치 내 삶을 총정리한 기분이다. 내가 이렇게

살아올 줄 미리 알았더라도, 나는 이렇게 살지 않았을까?
내 삶에서 큰 욕심이 없으니 살아온 내 삶에서 큰 후회는 없다.
앞으로도 내게 다가오는 삶을 피하지 않고 그냥 살아내려 한다.

발문을 써준 두규형, 시를 가려 뽑아준 재도형, 시집을 내 준
봉구, 두루 고맙다. 평생에 걸친 나의 '사회적 잘난 척'을 무던히
참아준 식구들도 고맙다. 나를 위해 기도했던, 나를 사랑하는
이들에게 이 시집을 드린다.

2012년 10월
부광고등학교 2학년 교무실에서
신현수 씀.

차례

- 자서 · 04
- 차례 · 06

제1부 서산 가는 길

-1989

손톱을 깎으며	10
서산가는 길	12
아버지 · 8 - 순댓국	14
감 - 조태연형에게	16
통일 · 5	17
교육일기 · 1	19

제2부 처음처럼

1990-1994

분단 교육 45년, 어머니의 여름	22
스티커를 붙이며	27
김영원	30
굴비도 판다 - 이세숙에게	33
닭도리탕	36
정영상	38
처음처럼 - '처음으로 하늘에 안기는 새처럼, 처음으로 땅을 밟고 일어서는 어린 싹처럼'	42

제3부 이미혜

1995-1999

복직하러 가는 길	48
한내 일기 3 - 짜장면	49
한내 일기 5 - 사랑의 인사	51
한내 일기 8 - 김밥의 장점	53
이미혜	55
나, 이용규	60
나는야 페미니스트	65

제4부 군자산의 약속

사랑 2	70
아, 우리가 예순 일곱 살이 되었을 때 - 이정욱 선생님	71
도화동 편지	76
나는 이 세상이 정말 바뀌기를 원하고 있을까	81
내가 지금 신고 있는 구두 오른쪽 뒷굽은	86

제5부 시간은 사랑이 지나가게 만든다더니

어떤 저항	90
마음 · 1	91
자화상 · 2 - 술값	92
아버지 · 10 - 납골묘	93
난 좌파가 아니다	98
오거리에서	100
희미한 옛 세월의 그림자 · 3	102
시간은 사랑이 지나가게 만든다더니 - 희철에게	105

● 발문 박두규(시인) · 112

제1부

-1989

저슨 주는 교

손톱을 깎으며

먹은 것이 손톱으로만 가는지
너무 쉽게 크는 손톱을 깎으며
막대기로 톡 치면 부러질 것 같은
희고 가느다란 내 손목을 본다.
아버지 퇴직금으로
사범학교를 간신히 졸업하여
분필을 잡지 않았다면
이 손목으로 어디서 무엇을 할 수 있었을까
깊은 강물을 가르는
나룻배의 노를 저을 수 있었을까
지하철 공사판의
곡괭이를 휘두를 수 있었을까
철공장에서
시뻘건 쇳물 나를 수 있었을까
땅과 살아 손톱을 깎을 필요가 없는

우리 외삼촌은
시간이 절약될까 깎을 필요가 없어 귀찮지 않을까
하는 일이라곤
하루하루 내 몸에 쌓인 거짓을
아이들에게 다시 풀어 놓는 일
아하, 알겠네
외삼촌은 땅과 살아 손톱을 깎을 필요가 없는 것이 아니라
거짓 농사를 짓지 않기 때문이고
내 몸은 왜곡된 진실을 강요하는
위선으로 충만하여
쓸데없는 손톱만
내 희고 가느다란 손목에서
자꾸 자라나나 보다.

서산
가는 길

요즈음 나는 매일 줄을 타요
매 맞아 배운 어린 곡예사처럼
너무 밝아 슬픈 달처럼
누구에게랄 것도 없이 화나 있는 바람처럼
시든 밤의 칸나처럼
살아간다는 것 눈물겨워
안쓰럽게 매일 줄을 타요
내 가슴 칼로 저미며 바로 세우고
대롱대롱 매달리다 다시 기어오르고

그 아무와도 함께하지 않기 위하여
그 누구에게도 가지 않기 위하여
줄 위에 서성이는 시간을 애써 연장하기 위하여
나는 늘 낯선 곳으로
떠나기를 원하지만

그 곳에서조차 아무와도 따로 하지 못하고
그 곳에서도 그 누구 나를 떠나지 않으니
떠나는 발걸음은 줄 위에서 반쯤 떨어져 버린 발걸음

돌아오는 발걸음은 줄 위에서 끝내 떨어져 버려
낙엽처럼 내 몸 나뒹구는 발걸음

불 켜져 환한 땅
그 절망과 그리움

나는 매일 안쓰럽게 외줄을 타요

아버지 • 8
- 순댓국

오랜만에 혼자 순댓국을 먹으며 갑자기 아버지 생각 났다. 눈 많이 오던 날 아버지는 아들 데리고 공주에 갔다. 여인숙에 들고 나는 심심해 아버지를 남겨두고 혼자 극장에서 저질의 영화를 보고 들어가 아버지와 나란히 누워 잤다. 눈 그치고 새벽 미끄러운 길 순댓국집을 찾아 아버지와 함께 순댓국을 먹고 나는 사범대학에 가 시험을 보고 아버지는 까만 색 오버를 입고 밖에서 떨며 기다렸다. 아버지는 그 후 공장에서 빵을 먹으며 마당에 앉아 농성을 하기도 하고 높은 혈압으로 돌아가셨다. 아버지 차던 중고시계 몇 달 찬 후 잃어버렸고 아버지 입던 잠바 사십구재 때 절에서 태웠고 아버지 입던 까만 오버 지금도 아내와 내가 사는 방에 걸려 있다. 아내는 오버를 보면 무섭다고도 하고 우리를 지키는 수호신 같다고도 한다. 도대체 나는 아버지 생전 몇 마디 얘기를 나누었던가. 나도 아들 생기면 눈 오는 날 대학시

현장에 데리고 가 꼭 순댓국을 사주고 싶다.

감
- 조태연 형에게

    가슴이 뜨거운 사람에게는 더 잘 보이지 까치밥으로 남은 감나무 꼭대기의 감 하나 그 감에 슬픈 가을 햇살 찾아들어 사르르 감 녹아나는 소리 귀에 들릴 때 시인이었을까 전생에 형은 가슴이 맑은 사람에게는 더 잘 들리지 물소리가 들리는 여름 산 물소리가 들리지 않는 가을 산 물소리가 들려서 떠나지 못하는 산 물소리가 들리지 않아서 눈물 나는 산 감처럼 겉과 속이 같은 색깔 그것이 형이 앞으로 살아내야 할 세월 형이 눈뜨는 새벽마다 마시는 찬물처럼 그렇게 맑을까 형의 야윈 가슴.

통일 • 5

나는 왜 그 생각을 한 번도 못했을까.
대학 시절 병건이는 고향이 제주도여서
제주도 사투리로 욕을 하면
우리들이 막 웃었는데
중기는 경상도여서
말투처럼 씩씩하고 묵직했는데
아직도 졸업을 안 한
현준이는 전라도여서
한 서린 노래를 잘 했는데
재용이는 강원도여서 감자 바위라고
놀렸더랬는데
경기도, 서울이 고향인 아이도 많고
내 고향은 충북이었는데
나는 왜 그 생각을 한 번도 못했을까
나에게는 함경도, 평안도, 황해도가 고향인

친구가 없다.
단 한 명도 없다.

교육일기

대학입시를 준비하는
사랑하는 너희들은
전생에는 모두 나의 딸이었다
우리가 소중한 인연으로
이승에서 이렇게 만나
늦게까지 교실의 불을 밝히고
함께 앉아있음에 대하여
나는 가끔씩 슬프고
허전해질 때가 있구나
'엄마 학교 다녀올게요'가 아니라
'선생님 집에 다녀올게요'라고 인사하는
너희들은 피곤에 지쳐 잘 웃지도 않는 너희들은,
농부의 딸은 농부의 아내가 되지 않기 위하여
어부의 딸은 어부의 아내가 되지 않기 위하여
광부의 딸은 광부의 아내가 되지 않기 위하여

너희들은 공부하느냐
너희 아버지가 땅속 깊은 곳 막장에서
벌어 온 돈으로 하는 나의 저녁식사가
그리 달지만은 않구나
깊은 밤 너희와 함께
교실에 앉아 있으면서
밤에 보는 교실풍경은 조금씩 쓸쓸하다는 생각을 하
면서
내가 너희들에게 해 줄 수 있는 일은 고작
신문에 난 논술기사를 오려
게시판에 꽂아 놓는 일
교실 앞문에 문고리를 다는 일
신발장에 번호표를 붙이는 일
가끔씩 밝은 얼굴로 뜻 없는 웃음 웃어 주는 일.

1990-1994 제2부

처음처럼

분단교육 45년, 어머니의 여름

어머니,
개학 날 비가 억수같이 쏟아지는데
직위 해제 당한 후 처음
학교에 갔어요.
기쁜 마음으로,
오랜만에 아이들을 만나는
설레는 마음으로
갔어야 할 개학 날
나는 출근 투쟁하러 참담한 마음으로
비 맞고 갔어요.
막는 이는 없었고
어색한 표정으로 선생들과 인사를 하고
아직 치우지 않은
내 자리에 앉았는데
갑자기 이런 생각이 들었어요

내가 학교를 다시 다닐 수 있게 된다면
어머니가 얼마나 좋아하실까.
그때는, 내가 하는 일도
내가 맡은 책임도
후배들의 비웃음도
부부가 모두 쫓겨난 집도
감옥에 가 있는 선배도
생각이 안 났어요.
전화만 하면 말도 하시기 전에
무조건 울기부터 하는 어머니가
얼마나 기뻐하실까
그런 생각만 들었어요.
교무실 창밖으로는 여전히
비가 퍼붓고
우연히 교무실에 들른 내 반 아이들은

안타까운 표정으로
새로 자기들의 담임된 선생에게 가서
무엇인가를 상의했어요.
그까짓 종이 한 장에 불과한
각서를 써 주고
다시 학교에 다닌다면
뭐 다닐 수도 있을 것 같았어요.
현재의 머리 터질 듯한 못 견딤과
항복하고 나서의 참혹한 고통 중
무엇이 더 견디기 어려울까
견주어 볼 생각도 안 났어요.
무슨 통지서 같은 것이 날아오면
무언지도 모르고
가슴부터 철렁 내려앉는 어머니가
정말 얼마나 좋아하실까

내 앞의 현실을 외면하고 싶었어요
이것저것 아무 생각 안 하고
그냥 눈 감고 싶었어요.
떠나올 때면 언제나 눈물 흘리시는
쓸쓸하게 혼자 사시는 어머니가
얼마나 좋아하실까
신념도, 싸움에의 의지도 간 데 없고
그냥 한 가닥 걸레처럼 남은
나의 양심만
내 머리를 터지게 했어요.
이 분단 교육 45년
어머니의 눈물과 여름
어머니,
오늘은 이렇게 시를 쓰고 싶었어요.

'출근 투쟁 첫날
비가 와서
각서를 썼다.'

스티커를 붙이며

자정이 넘기를 기다렸다가
'민자당이 아이들을 죽입니다' 스티커를 들고
내키지 않는 마음으로 사무실을 나옵니다.
열두 시가 훨씬 넘었는데도
오늘따라 길 위엔 지나다니는 사람이 유난히 많고,
더욱 잦게 울리는 방범대원의 호각 소리마다
가슴이 철렁 내려앉습니다.
이 시간에 이 길을 걸으면서
밤의 정적을 깨는 호각 소리를
오늘 처음 들은 것이 아니었으나
주머니 속에 스티커가 들어 있는 오늘은
왜 가슴이 섬짓섬짓한지,
아직 스티커를 붙이지 않았으므로
어제와 오늘은 전혀 다른 것이 없는데
늘 듣던 호각 소리에 깜짝깜짝 놀라는 이유를

잘 모르겠습니다.
호흡을 한번 가다듬고
공중전화 박스에 들어가
전화를 거는 척하며 한 장,
전봇대에 기대어
오줌 누는 척하며 한 장,
쫓겨난 학교 담벼락에 세 장을 한꺼번에 붙이고 나서
밤공기가 서늘한 데도 땀이 난 이마빡을
주먹으로 한번 쓱 훔칩니다.
골목을 돌아 나가는데
대자보를 붙이기로 한 후배들은
빗자루도 없이 손에 풀을 듬뿍 발라
저 쪽 공용 게시판 위에 썩썩 잘도 붙입니다.
자신 없는 목소리지만 그러나 선배의 의무감으로
'단결투쟁' 낮게 한 번 외쳐 주고

스티커를 붙이며 걸어가는데
사무실 귀환 약속 시간은 다 되어 가고
주머니 속에 스티커는 아직도 너무 많이 남아 있고
저벅저벅 들리는 발소리마다 나를 따라오는 듯하고
쓰레기통에 버릴까
그냥 붙였다고 하고 집으로 가져갈까- 하다 생각하니
학교를 쫓겨난 놈이 뭐가 그렇게 두려운 게 많은지
가슴 졸이지 않고
후배들처럼 썩썩 스티커를 붙일 수는 없는지
나를 놈이 참으로 한심해
따귀라도 한 대 올려 부치고 싶습니다.

김영원

　너희들 졸업식 날 아침, 양복에 넥타이까지 매고 집을 나설 때는 사실 식에 참석하려고 했었어. 그날도 비가 와 마음이 좋지 않았던 데다 막상 학교에 간다는 생각을 하니까 또 마음이 약해졌어. 지금 너희들의 담임이 어색해 하지 않을까. 너희들이 곤란해지지 않을까. 아니 실은 내가 더 불편했기 때문일 거야. 졸업식장 어디에 서 있어야 하나 선생들 서 있는 자리에? 아니면 학부모들 자리에? 교장을 만나면 뭐라고 하지? 결국 지회 회보를 급히 만들어야 한다는 핑계로 사무실에 그냥 있고 말았지. 너희들과 어떻게 헤어졌지? 도에서 온 장학사와 질문만 있고 대답은 없는 문답서를 꾸민 며칠 후 교장실에서 직위해제 통지서를 받고 교실에 들어가 내가 한 말은 고작 '저녁 먹고 자습해라'였지(학교를 쫓겨나는 마당에 자습이 그렇게도 중요했는지). 그게 내가 너희에게 한 마지막 말인 것 같다. 그날 이후 교실에 들어가 본 적이 없었어. 흔한 마지막 수업도 못하고. 나처럼 병신같이 학교를 쫓겨난 선생이 또 있을까. 출근 투쟁 때도 교무실에만 앉아 있다 그냥 왔고, 엿이라도 사 주었어야 할 너희 입시 전날은 경찰서에 있었지. 3학년 8반의 세 달쯤 담임이었던 나는 너희에게 도대체 무엇이었을까. 반 전체가 모의고사를 거브한 채 답안지에 징계 반대라고 썼던 너희들에게, 운동장에 모여 농성을 하고, 그 일로 졸업할 때까지 핍박을 받고, 졸업 후에 대한 아무 준비도 없이 학교를 떠난 너희들에게 아무것도 해 줄 수 없었던 나는 무엇일까 그날 늦게 술이 잔뜩 취해 인사불성인 채로 사무실 밑에서 "신현수 개새끼 나와, 니가 우리에게 해 준 게 뭐야, 씨발놈 뭐 해 준 게 있냔 말야!" 비를 맞으며 울면서 욕을 했을 때 아, 너희가 나를 사랑한 만큼 나는 너희를 사랑하지 않은 것은 아닐까. 더욱 큰 사랑이라는 건 내 자존심만 만족시키기 위한 핑계가 아니었을까. 내가 나만 너무 사랑함으로, 극단의 이기주의로, 알량한 내 양심 한 조각 지키기 위하여 너희들 작은 가슴에 평생 빼지 못할 못을 박은 건 아닐까. 우리 어느 하늘 아래 살더라도 죽지만 말고, 다시 만날 때까지 잘 가라.

굴비도 판다

학생인 너희들은 등교하는 길이지만
선생인 나는 학교로 출근하는 길이 아닌
만원 버스 안에서
오늘도 너희들의 재잘거림을 들었다.
새로 담임된 선생님에 대하여
욕을 하면 내가 괜히 부끄러워지고
너희들의 입도마에 오른 거의 모든 선생님들이
좋게 얘기되지 않을 때 내가 괜히 안타까웠지만
솔직히 나는 재수 없다고 너희들의 욕이라도 먹는
지금 너희들을 가르칠 수 있는 선생이었으면 했다.
나는 지금 이 아침 어디로 무엇 하러 가는가
단 하루만 마음 푹 놓고 쉬었으면 좋겠다고 생각하
기도 했던
학교를 벌써 2년째나 푹 쉬면서
나는 이 아침 무엇을 해야

너희들에게 다시 돌아갈 수 있을까.
경찰서에 끌려가기도 하고
한뎃잠을 자기도 하고
밥을 굶기도 숱하게 하면서,
사무실 바닥을 빗자루로 쓸기도 하고
온종일 타이프를 치고 회의 문건을 만들고
라면을 끓여 먹기도 하면서,
나는 생각했다.
너희들 앞에 다시 설 수 있는 길은 무엇일까
엊그제는 굴비를 팔았다.
굴비 담은 상자의 밑이 빠져
길바닥에 떨어진 놈을 다시 주워 담으며,
쫓겨 나온 교무실에 굴비를 들고 가
오랜만에 만난 선생님들께
굴비를 팔았다

이거 진짜냐,
영광에는 더 이상 굴비가 나지 않는다던데
원자력 발전소 때문에 위험해서 못 먹는다던데,
나의 안부도 묻기 전에 굴비의 안부부터 묻는
선생님들에게 절망하기도 하면서
너희에게 다시 돌아갈 수 있는 일이라면
그래 무엇인들 못하랴
너희들 앞에 다시 바르게 설 수 있는 일이라면
그래 나는
굴비도 판다.

닭도리탕

오늘 사무실의 식사 당번 날이라 시장에 가서 닭은 한 마리에 삼천오백 원, 아기 주먹만 한 감자는 세 개에 천 원, 파와 고추와 마늘은 합쳐서 천 원어치 샀습니다. 홍당무는 값을 물어 보니 한 개에 천 원이라고 해서 들었다 놓았다 하다 못 샀습니다. 일단 냄비 두 개에 물을 붓고 닭을 푹 끓였습니다. 닭이 끓는 동안 고추의 꼭지를 따고 파를 썰고 감자를 깠습니다. 감자 까는 일은 어렵고 손이 많이 갔습니다. 닭 끓인 냄비의 물을 한 번 버리고 준비한 야채와 양념을 넣고 또 끓였습니다. 간을 보니 한 냄비는 짜고 한 냄비는 싱거워 쏟아 함께 섞었습니다. 시를 써서 남에게 처음 보여 줄 때보다 더 떨리는 마음으로 뜨거운 닭도리탕을 상 위에 올려놓았습니다. 여자 후배가 어떻게 만드는 것이냐고 물어 보길래 원래 잘 아는 것처럼 가르쳐 주었지만 실은 요리라고는 오늘 생전 처음 해보는 것입니다. 아침에 나올 때 마누라에게 자세히 알아 온 것입니다. 빈말인 줄 알았지만 맛있다고 한 후배가 사랑스러웠고 이것도 음식이라고 했느냐고 한 후배는 야속하고 섭섭했습니다. 나는 닭도리탕이나 만들기 위하여 학교를 쫓겨나지는 않았으나 오늘 닭도리탕을 만들고 나서 허구한 날 밥과 반찬을 만들어야 하는 아내의 고통을 비로소 알았으므로 실은 잘 쫓겨난 것입니다. 학교에서 쫓겨나지 않았다면 닭도리탕은 어쩌면 내 평생 단 한 번도 못 만들어 봤을 것이므로 실은 잘 쫓겨난 것입니다. 문득 닭도리탕 만드는 것이 무슨 운동인가 하는 생각도 들었지만 실은 닭도리탕 잘 만들다 보면 아이들 곁으로 돌아갈 수 있는 것입니다.

정영상

학교 때 우리는 낭만주의자였다.
등굣길에 다른 낭만주의자를 만나면
우리는 강의실이 아니라 학교 앞 개미집이나 동그라미 집으로 들어갔고
이미 먼저 들어와 술을 마시고 있는 낭만주의자들도 있었다.
취한 채 강의실에 들어가 교수와 시비를 붙거나
지금은 없어진 상록원에 앉아 하염없이 금강을 내려다보다가
'꽃 피-는 봄 사월 돌아-오-면-' 노래를 고래고래 부르면
금강의 흰 모래가 너무 눈이 부셔 철철 우는 낭만주의자들도 있었다.
시목동 뒤편 어부 집에 가서 어부 아저씨의 배에 올라가
막걸리를 먹고 또 먹다가 속에서 쓴 물이 나올 때까

지 토한 후
　벌거벗고 금강에 뛰어들기도 하였다.
　죽으려고 작정하고 들어가지는 않았으나
　정말 물에 빠져 죽을 뻔 한 낭만주의자들도 있었다.
　공주에서 우리는 퇴폐적 낭만주의자였다.
　학교 앞 삼거리에서 술 먹고 땅바닥에 누워 있으면
　그를 아는 다른 낭만주의자가 자취방으로 떠메고 갔고
　늦은 오후 학교를 마치고 공주 읍내로 들어가는
　금강 둑길 위를 걷는 낭만주의자들의 발걸음은
　강물에 비친 철교와 백사장과 노을에 취해 늘 휘청거렸다.
　봄이 되면 벚꽃 흐드러진 공주산성에 올라가
　술잔 위에 꽃잎을 띄워 놓고 술을 마셨다.
　가끔 4 · 19 기념탑이나 우금치의 동학 혁명 기념비를 구경하기도 하였으나

별다른 뜻은 없었다.
그리고 우리들은 모두 선생이 되었다.
우리는 아이들을 낭만적으로 가르쳤으나
아이들의 현실은 하나도 낭만적이지 않았다.
우리가 가르치는 아이들이 현실을 견디지 못하고 하나둘 죽어갈 때
우리들의 낭만주의로는 더 이상 아이들을 지켜낼 수 없어
우리들은 하나둘 현실주의자가 되기 시작하였다.
낭만주의에서 현실주의로 넘어가는 길은 참 멀고 험했다.
그렇다고 목숨까지 바칠 필요는 없다고 대부분 생각하였으나
지독한 퇴폐적 낭만주의자였던 한 친구는
철저한 현실주의자가 된 후

그의 현실주의를 위하여 끝내 목숨을 바쳤다.
그가 죽고 나서야 현실주의는 하나밖에 없는 자기 목숨을 바치는 것임을
우리는
깨달았다.

처음
처럼

- '처음으로 하늘에 안기는 새처럼,
처음으로 땅을 밟고 일어서는 어린 싹처럼'

나는 적어도 학교에서 쫓겨날 무렵부터는
내게 주어진 일에 최선을 다했고
내게 맡겨진 일에 대해 책임지려고 노력하였으며
그래서 잘못한 것이 없었지만
그러나 지금 학교에 있지 않았으므로
후배들이 학교 얘기를 할 때나
자기 학교 선생들끼리 어울릴 때
가르치는 일에 대하여 고민할 때
나는 할 말이 없었고
말할 수 없이 속이 상했다.
나에게로 열린 길은 막혀 있었다.

나는 학교에서 쫓겨날 무렵
이번에도 또 피하거나 비켜 간다면
나의 글쓰기는 이제 끝이라고 생각하였고

그래서 학교에서 나온 후
나는 늘 글쓰기를 열망하였으나
학교에 있지 않았으므로 학교생활을 쓸 수 없었으며
아이들을 가르치지 않았으므로 아이들 얘기를 쓸 수 없었다.
나의 해직 생활은 시 몇 편으로 족하였고
해직의 고통 어쩌고, 만날 똑같은 소리 하는 것은
나부터 벌써 지겨웠다.
써야지 하면서 못쓰는 것은 참기 힘든 괴로움이었고
문학은 나의 삶과 뗄 수 없었지만
그렇기에 나는 더 이상 문학을 할 수 없었다.
나에게로 열린 길은 막혀 있었다.

나는 아직 말도 못하는 아들에게 버럭버럭 소리나 질렀으며 아들이 정말 미워서, 멍이 들 만큼 아들의 볼때기를 수도 없이 꼬집었다.
빨래를 하다가 세탁기 속을 들여다보고 있으면
세탁기와 함께 내 머리도 돌아 버릴 것 같았고
청소를 하다가 청소기를 내동댕이치고는
마누라 퇴근 시간되기나 기다리고 앉아 있다가
조금만 늦으면 허구한 날 짜증이나 내고 신경질이나 부렸다.
나는 5년 동안 돈을 한 푼도 벌지 않았고
어머니에게 용돈을 단 한 번도 드리지 않았으며
어머니는 무능한 아들을 둔 것이 어머니의 책임인 양 며느리 눈치를 살피었다.
남편으로서 아내에게
아버지로서 아들에게
아들로서 어머니에게

나는 어쩌면 이미 불필요한 존재가 되어 버렸다.
나에게로 열린 길은 막혀 있었다.

나에게로 열린 길은 막혀 있었다.
나에게로 열린 모든 길은 막혀 있었다.
그래서 나는 돌아가기로 하였다.
생각해 보면 길은 막혔으나 길을 가다 만난 사람들은 내게 남았다.
길을 가다가 만난 나의 사람들과 손 부여잡고
돌아갈 길마저 막혀 버린 후배 두고
돌아가기로 하였다.
돌아가기로 하였다.
돌아가서 내 비록 처음으로 하늘에 안기는 새처럼은 못할지라도
돌아가서 내 비록 처음으로 땅을 밟고 일어서는 어린

싹처럼은 못될지라도
그래 처음처럼
억장이 무너지며 처음처럼
울면서 처음처럼.

제3부 음모왜

1995-1999

복직하러 가는 길

차에 이불과 몇 권의 책과 부루스타와 옷가지가 든 가방을 싣고
복직하러 가는 길,
낯선 휴게소에서
아내와 마주 앉았다.
휴게소 창밖의 봄볕이 따뜻하다.
몇 년 만에 아내와 이렇게 단둘이 마주 앉아 보는가.
김밥과 국수를 다 먹을 동안
아내와 나는 단 한 마디 말도 없이
낯선 휴게소를 나왔다.
봄볕이 따뜻해 눈물이 났다.

한내일기 3
- 짜장면

짜장면을 저녁으로 사먹고 나서
그 어떤 물건도 자리가 옮겨지지 않은
아침에 내가 어질러 놓은 채 그대로인
아무도 기다리지 않는,
방으로 들어가는 저녁,
나는 처참하다.
후배들은 '형! 면으로 먹지 말고 밥을 먹어요. 건강 생각해서'
만나면 떠들지만
그럼 나더러 중국집에 가서 가장 간단한-짜장면을 두고
내 몸뚱이를 위하여
잡채밥이나 볶음밥 또는 짬뽕 밥을
나 혼자서 먹으란 말인가
그나마 짜장면 집도 문을 닫아 못 사먹고
라면 하나 사들고 들어와

부루스타에 끓여 먹을 때
나는 처참하다.
짜장면을 먹으면서
또는 라면을 먹으면서
갑자가 쏟아지는 눈물에
코를 훌쩍이면서
산다는 게 너무 쓸쓸해서
내가 먹은 짜장면과 라면
모두 토해내고 싶은 날이 있다.

한내일기 5
- 사랑의 인사

바보가 되더라도
세상에 대하여 잠시만이라도
눈감고 싶어.
사람에 대하여 좀 더 너그러워지고 싶어
아무 것도 생각하지 않고
살고 싶어.
그 무엇에도 연연해하지 않고
전전긍긍하지 않고
눈치 보지 않고
머릿속을 그냥 텅 비우고 싶어.
나, 이제 쉬고 싶어.
한 여인의 사랑을 구하지 못하여
밤새워 열병을 앓던
내 젊었던 시절,
지는 노을을 하염없이 바라보다

눈물 흘렸던 시절,
바람 때문에
마음이 흔들렸던 시절,
책만 보고 살았던 시절,
감상이 죄가 되지 않았던 시절,
감상이 죄인 줄 몰랐던 시절.
나, 돌아가고 싶어.

한내일기 8
- 김밥의 장점

아내가 순서대로 적어 주고 간
콩나물국 끓이는 법,
돼지고기 김치찌개 만드는 법 적힌 쪽지
아직도 부엌에 붙어 있지만
그 쪽지 누렇게 바랠 때까지
한 번도 만들어 보진 않았다.
돼지고기는 어디서 사오며
콩나물은 언제 사오나
어차피 자취란 살기 위해 먹는 것이 확실하므로
간단하게
시간을 절약해서
설거지 거리가 나오지 않게
배만 채우면 되는 것이다.
대체 그런 음식이 뭐가 있을까.
내가 심사숙고한 끝에 생각해낸 것이라

공개하기 대단히 아깝지만
그것은 김밥이다.
김을 부루스타에 구워
전기밥솥에 쌀 딱 한 컵으로 지은 밥을 얹은 후
단무지 한 줄과 맛살 한 줄을 얹어 놓고
마지막으로 간장을 뿌려 말면 되는데
자를 것도 없이 그냥 손에 들고 먹는다.
김밥을 먹으면서 신문 보는 것은 말할 것도 없고
잘하면 나머지 한 손으로 옷도 입을 수 있다.
설거지는 물론 필요 없다.

김밥을 먹다 목이 메면
....
물을 먹으면 된다.

이미혜

'통일을 여는 민주 노동자회'
이미혜 회장은 해직교사 시절에 만난
내 친구인데
그는 대학 다니다가
공장에 투신하느라
졸업도 못하였고
젊음을 바쳐서
다 함께 잘 사는
좋은 세상 만드느라
그 흔한 자격증 하나도 없다.
아버지는 사람 좋아 남 보증을 서 주었다가
그나마 있던 집 한 채도 날려버리고
그의 착한 후배들이 모아준 돈으로 작은 전세방에서
부모님 모시고 산다.

재작년 겨울에 입었던 낡은 까만 색 오버를
올 겨울에도 입는 이미혜는
내가 한두 살 많으므로
내 후배인데
나는 아들이 벌써 초등학교 3학년 올라가고
그는 아직 시집도 안 갔다.
그의 그 동안의 눈물과 고통이
전두환과 노태우 등을 감옥가게 하였다.
그런데 참으로 이상한 것이
사람들은 노태우 전두환 등을
개새끼, 죽일 새끼 욕하면서
그들을 감옥 가게 한 미혜는 칭찬하지 않는다.
지금껏 문자 그대로 청춘을 바쳐
더불어 사는 세상 참 세상 만드느라
세속적인 그 어느 것도 이루어 놓은 것 없는 그에게

이제 먹고살아야 하지 않느냐고
한심하다는 듯한 눈으로
이상한 눈으로 쳐다보기만 한다.
그가 허구한 날 감시와 미행에 시달릴 때에
골방에서 영어 테이프나 듣고 앉아 있었으면서
외국어 하나쯤은 능숙하게 구사해야 한다고 자랑한다.
그가 공장에서 실을 뽑을 때
자기 혼자 무슨 고시, 무슨 자격증 시험 준비 했으면서
요즘은 역시 뭐니 뭐니 해도 전문성이라고 말한다.
그가 거듭되는 집회와 시위, 회의와 모임에 참가할 때
컴퓨터 앞에 앉아 컴퓨터 게임이나 두드렸으면서
요즘 세상에 아직 컴퓨터도 모르느냐고 비난한다.

계절이 바뀔 때마다 기침이 그치지 않는
미혜는 내 동생인데

대학도 졸업하고 운전면허증에 선생 자격증도 있는 나는
테트리스도 아주 잘할 줄 아는 나는
그에게 아무 것도 해준 것이 없다.
복직하고 나서 딱 한 번 5만 원인가 미혜 통장에 넣어준 적이 있는데
겨우 돈 5만 원 넣어 주면서
그가 조직사건에라도 엮여 감옥에 가게 되면
통장에 돈 넣어준 나도 끌려가게 되는 것을 아닐까 하는
한심한 생각을 했고,
그리고 술 두어 번 사주었다.
아, 그리고 전철 승차권 만 원짜리 한 번 사줬다.
나를 비롯한
그에게 아무 것도 해준 것 없는 자들이여

한번이라도 역사에 대하여 생각해 본 적이 있다면
그의 피와 땀을 기억해야 한다.
그의 눈물과 고통을 잊지 말아야 한다.
만일 더 이상 운동이 필요 없는 세상이 되면
그를 제일 좋은 집에서 살게 해야 하고
가장 좋은 차를 태워야 한다.
철마다 옷도 한 벌씩 사줘야 하고
계절이 바뀔 때마다 기침이 그치지 않는
그의 천식을 반드시 고쳐줘야 하는 것이다.

나,
이용규

1
나 지금까지 지내오는 동안
나 혼자만을 위해 살지 않았네.
나 지금까지 만 35년을 살아오면서
단 한 번도 나 혼자만을 위하여
돈을 쓰거나 시간을 허비하거나 한 적 없었네.
내가 걸어 온 길.
때로 고달프고 참으로 고단했으나
그리하여 가끔 돌부리에 걸려 넘어진 적은 있었으나
그때마다 나는 다시 일어나 걸었네
결코 주저 앉지 않았네
그 길을 걷다가
나와 함께 길 걷던
이 세상에서 가장 아름다운 사람 하나 알았네

2
나 지금까지 만 35년을 살아오면서
사실 슬프고 고통스러운 일 훨씬 더 많았네.
중학교 때,
아버지 탄광일 다녀오시다 사고로 돌아가셨을 때
절망스런 내 가슴
태백의 하늘만큼 어둡고 무거웠었네.
4남매 가르치는 일
행상으론 어림없어
아버지 죽게 한 징그럽던 탄광일 다시 하시다가
뜨거운 코크스 물에 빠져 입은 중화상
견디지 못하고 어머니 눈감으셨을 때
어둡고 무겁던 태백의 하늘
아예 무너져 버렸었네, 4남매 뿔뿔이 헤어졌네.
나 살면서 가끔씩 쓸쓸했던 적 있었네.

끝까지 함께 하리라 믿었던
함께 노동조합을 만들었던 동지들이
나 감옥 가 있는 동안
하나둘 내 곁을 떠나갔을 때,
추석 전날 저녁
많은 사람들 고향 찾아 떠날 때
나 찾아갈 고향도 부모도 없어 혼자 빈방에 남았을 때
몸까지 가눌 수 없을 정도로 아파 쓰러져 누웠을 때
온 몸에서 식은땀이 났을 때
혼자 그 식은땀을 내 손으로 훔쳐냈을 때
나 참 외롭기도 했었네.
주소만 보고 물어물어 찾은 동생의 방,
컵 라면 껍질만 굴러다니던 동생의 방,
컵 라면 한 박스 사놓고 다시 나온 동생의 방,
눈물도 나오지 않던 동생의 방.

나 지금까지 만 35년을 살아오면서
사실 슬프고 고통스러운 일 훨씬 더 많았네.

3
그러나 나 다시 언제나 이 길로 돌아왔네.
나 지금까지 살아오면서
나 혼자만을 위해 살지 않았네.
나 견딜 수 없을 정도로 삶이 쓸쓸하고 외로워 질 때
이 세상 이 곳 저 곳 떠돌아다닌 적 있었으나
그러나 나 다시 언제나 이 길로 돌아왔네.
외롭고 곤고함에 지쳐서 잠시 쉬어 갔을지언정
내가 걸어 왔던 이 길 옳다고 믿었으므로,
함께 길 떠난 이중 훨씬 많은 사람들이
지금 이 길 위에 함께 있으므로
언제나 다시 이 길로 돌아왔네

나 오늘 이 길 위에 끝까지 남아 있기로 결심했네.
이 길 위에서 만난 아름다운 사람 하나와
나 오늘 이 길 위에 끝까지 함께 남아 있기로 결심했네.
나 지금까지 그래왔듯이
평생 나만을 위한 삶 살지 않겠다고
세상에서 가장 아름다운 사람과 함께 다시 결심했네.

나는야 페미니스트

나는야 적어도
마누라가 일할 때
방바닥에 벌렁 자빠져 있지는 않지요
마누라가 부엌에서 일하는 동안
나는 빗자루로 방바닥을 쓸거나
아니면 빨래라도 개거나
그것도 아니면 화분에 물을 주거나 하지요
나보다 훨씬 더 일찍 일어나
식구들에게 아침밥까지 차려 먹이고
하루 종일 아이들에게 시달리고 들어와서는
또 저녁 밥상을 차릴 때
나 혼자 벌렁 드러누워 신문을 보거나
컴퓨터 자판이나 두드리고 있지는 않지요
소위 맞벌이면
똑같이 고생하고 들어온 건데

여자라고 밥을 차리고
남자라고 빈둥빈둥 밥상이 다 차려지기를 기다리다가
밥 처먹고 과일 얻어먹고
아내가 설거지까지 하는 동안
커피는 왜 안 타 오냐는 듯
주방 쪽을 기웃거리다가
티비 보면서 시시덕거리는 놈은
남자 일 여자 일을 떠나서
아주 인간성이 더러운 놈이라고 생각하지요
나는야 하고 싶을 때는 설거지도 하지요
그러나 오늘 같은 날은 굉장히 짜증나지요
방학 때 보충수업하고 들어온 날인데
마누라가 어디 가고 없는 날
나 혼자 돈 벌고 들어왔는데
이놈의 마누라쟁이가 밥 안 차려주고 어디 간 거야

내가 이렇게 하루 종일 고생하고 들어 왔는데
하루 종일 아무 것도 안하고 판판히 놀았으면서
또 어디 나가서 돈 쓰고 돌아다니는 거야 뭐야
허겁지겁 들어와 죽을죄라도 지은 표정으로
마누라가 부랴부랴 밥상을 차리는 동안
나는 방바닥에 벌렁 누워 빈둥거리지요
밥 먹고 나서 깎아 주는 과일 처먹고
신문 보고 티비 보면서
커피 타 올 때 기다리면서
아주 당연스럽게
방바닥에 벌렁 자빠져 있지요

제 **4** 부

2000-2004

분구산의 양측

사랑 2

내 가슴에 늘 그를 꼭 품고 있지만
그를 붙잡지 않는 게
진짜 사랑이다
그에게 모든 것을 주되
그에게 아무 것도 바라지 않는 게
진짜 사랑이다
희망 없어도 하는 사랑이
진짜 사랑이다
앞날이 전혀 보이지 않아도 하는 사랑이
진짜 사랑이다
전망 없어도 하는 사랑이
진짜 사랑이다

아, 우리가 예순 일곱 살이 되었을 때

- 이정욱 선생님

누군가,
당신은 이 세상 살아가면서,
진심으로 존경하고 믿고 따를 만한 사람이 있느냐,
당신이 살고 있는 인천에도 그런 분이 있느냐,
인천에서 가장 존경하는 분이 누구냐고 내게 묻는다면,
나는 잠깐의 주저함도 없이,
대우자동차 신협 이사장 일을 하시다가 은퇴하시고,
지금은 평화와 참여로 가는 인천연대에서
공동대표와 부평지부장으로 일하시는
이정욱 선생님이라고 대답하겠다.
선생님과 비슷한 나이 대부분의 사람들이
산천경개 좋은 곳 구경들 다니거나,
손자 재롱 보며 박수들 치고 있거나.
노인정에 모여 실없는 농담이나 주고받고 있거나,
그것도 아니면 어디 햇볕 좋은 곳 찾아

진종일 해바라기나 하고 있을 때,
이정욱 선생님은 시민운동에 투신을 해서
어느 젊은이 못지않게
회의에 참가하고, 집회에 나가고,
어떤 날은 토론을 하느라
꼬박 밤도 새우신다.
선생님께서는 무엇보다도
시간을 잘 지키신다.
선생님은 무엇보다도
뒷정리를 잘하신다.
시간 잘 지키고 청소 잘하는 일이
무슨 존경할 만한 일이냐고 당신이 내게 묻는다면
 당신이 예순 일곱 살이 되었을 때
 언제나 시간을 지키며 남보다 먼저 모임에 나올 수 있겠는지

당신이 예순 일곱 살이 되었을 때
모임이 끝난 후 젊은 사람들보다도 먼저 뒷정리를 할 수 있겠는지
당신이 예순 일곱 살이 되었을 때
집회에 나가 맨 앞에 서있을 수 있겠는지
아니 예순 일곱 살이 되었을 때 말고
지금 당장,
젊은 나이인 당신
남들을 기다리게 하지 않는지
남들보다 먼저 일어나 치우고 쓸고 닦고 하는지
거꾸로 물어 보겠다.

작년 통일축전 행사 때,
선생님이 예순 여섯이었을 때
선생님은 명동의 시위 대열 맨 앞에서

구호를 외치시다가
전경에게 맞고
눈가가 찢어지고
발길질에 채여
정강이가 다 깨졌다.
작년 통일행사 때,
우리가 올해보다도 한 살이나 어렸을 때
정권의 집회 불허와
전경들의 무차별적인 폭력과
강제 진압이 두려워
일이 있는 척, 바쁜 약속이 있는 척
명동은 안가고 한양대로만 갔었던
나, 당신, 그리고 우리.
내가 예순 일곱 살이 되었을 때
당신이 예순 일곱 살이 되었을 때

아, 우리가 예순 일곱 살이 되었을 때
이정욱 선생님처럼만 살아갈 수 있다면.

도화동
편지

1년 전 내 명의로 농협에서 빌린
2천만 원 대출금을 1년 더 연장하기 위해
작년에 보증 서주었던 당신 선배를
농협 부개지점에서 만났어요.
당신 선배는 보증에 필요한 재직증명서, 세금 원천징수 증명서를
은행직원에게 건네주고
여러 군데 도장을 찍었어요.
나도 물론 이미 여러 군데 도장을 찍었구요.
내가 '선배님 매번 미안해요'라고 했더니
그 선배는 '니가 무슨 죄가 있냐'라고 하더군요.
당신 선배는 바쁜 듯 별 말도 안하고
종종걸음으로 헤어졌어요.
앞으로도 1년
몇 푼 되지도 않는 월급에서

뚝뚝 떨어져 나갈 이자를 생각하며
집으로 돌아온 날
당신이 만든 잡지 맨 뒤에 나온
'도장리 편지'를 다시 읽었어요.
시원을 찾아가는 순례자와 같은 심정으로
아침에 먹다 남은 반찬과 밥을 싸 가지고
길정리 저수지까지 산보를 갔다던 일,
지난 봄
콩을 한 구멍에 두 알씩 심어야 한다느니
세 알 씩 심어야 한다느니
다투었다던 얘기,
농사를 지었던 청둥오리가 도망가 버린 얘기,
출판사 마당에 지은 〈작은 나무 집〉에서
아이들과 야영했던 얘기,
느개가 곰실곰실 내린 날

동네 형님이 잡아온 미꾸리며 붕어로
매운탕을 끓이고 몇 마리는 튀김옷을 입혀서
날궂이 술 한잔했던 일들을 읽었어요.
그리고
난 아주 잠시
속이 상했어요.
출판과 농사 공동체를 함께 꾸려보겠다는 건
너무 당신 혼자만의 욕심 아닐까.
당신은 혼자 강화에 있고
나는 당신의 어머니 모시고 아이 둘 데리고
학교에서 집으로 쳇바퀴 돌 듯
어제와 오늘이 하나도 다를 것 없는 난
당신에게 무언가.
그러다가
'내 슬픔을 어깨에 짊어지고 가는 사람'

친구의 인디언식 표현이라는 이 말을 읽고
또 생각했어요.
사람이 태어나서 단 한 사람의 슬픔이라도
어깨에 짊어지고 가주는 건 좋은 일 아닐까
아 내가 당신의 슬픔을
내 어깨에 짊어지고 가주어도 좋지 않을까
한 번 사는 건데
하고 싶은 것 하면서 살아야 하지 않을까
생각했어요.
당신만이라도.
당신의 출판사가
당신이 내는 책이 사람들에게
오래오래 꽃피울 수 있는 두엄더미나
　누군가의 앞에 맛나게 놓인 따끈한 한 사발밥이기를
원한 것처럼

내가 당신의 두엄더미나
당신의 앞에 놓인 한 사발밥이 되어도 좋지 않을까
대출금을 연장하고 돌아온 날
생각했어요.
당신도 환절기 감기 조심하세요.
인천 도화동에서 올립니다.

나는 이 세상이
정말 바뀌기를
원하고 있을까

1.
내가 아무리 후배들의 뒤꽁무니라도 따라다니며 살아가기로 했다 하여도,
내가 아무리 후배들이 하는 운동 언저리에서나마 평생 지내기로
결심하였다고 하여도,
이런 일까지 하고 싶지는 않았던 것이다.
그냥 폼만 잡고 왔다 갔다나 하며 살려고 한 것은 물론 아니지만
이런 일까지 하면서 살고 싶지는 않았던 것이다.
어쨌든 나는 지금 고등학교 국어 선생에다가,
명색이 시인에다가,
인천연대 수백 명의 회원을 대표하는 상임대표에다가,
중학교와 초등학교 다니는 두 아이의 아버지에다가,
벌써 머리 희끗희끗한 중년이 되었는데

어떻게 집집마다 초인종 누르고 다니면서
안에 계시냐,
문 좀 열어 달라,
대우자동차 노동자들이 경찰에게 죽도록 얻어터진 일에 대해서 들어보셨느냐,
16만 평 부평 미군기지에 정작 미군은 9명밖에 없는 거 알고 계시냐,
서명 좀 해 달라, 천 원 내시면 신문에 이름 내드리겠다,
어려우시면 유인물이라도 꼭 읽어보시라,
다음에 또 찾아뵙겠다,
이런 쪽팔리는 일을 어떻게 할 수 있겠느냐 말이다.
차라리 내게 학교를 그만두라고 하거나
담배를 끊으라거나, 술을 먹지 말라거나 하는 게 낫지,
그런 일은 정말 못하겠다,

정말로 하기 싫다.
그러다가 학부형이나 제자라도 만나면 어떻게 하냐,
뭐라고 말 하냐 말이다.
그런 일까지는 제발 시키지 말아 달라.

2.
그런 일은 제발 시키지 말아 달라······.
제발 시키지 말아 달라······.
말아 달라······.
나는 고등학교 국어선생이라
큰 이변이 없는 한 매 달 월급 꼬박꼬박 나올 테고
내가 하는 인천연대는 민민운동도 아니고
요즘 유행하는 소위 시민운동이니
당장 잡혀갈 염려도,
당장 학교에서 쫓겨날 염려도 없으면서,

몇 백 명이나 되는 인천연대 상임대표이니 제법 폼도 나면서
　그러면서 남들처럼 게으르거나 나태하게 살지는 않는다는 자부심도
　스스로 느껴가면서
　노숙자가 쓰레기통 옆에서 얼어 죽고
　그 시체를 쥐가 뜯어먹을 때까지 사람들이 몰랐었다는 신문 기사를 보고
　아직도 이런 일이 있다니 가슴이 몹시 아프군,
　적당히 분노나 하면서.

　3.
　나는 이 세상이 정말 바뀌기를 원하고 있을까?
　내가 쓴 모든 글,
　내가 참석한 모든 자리에서

입버릇처럼, 마치 관용구처럼
쓰고 떠들어댔던
더불어 함께 잘 사는 세상,
모든 사람들이 골고루 잘사는 세상을
나는 정말로 바라고 있는 것일까?
나는 이 세상이 정말 바뀌기를 원하고 있을까?

내가 지금
신고 있는 구두
오른쪽 뒷굽은

내가 지금 신고 있는 구두 오른쪽 뒷굽은
조선민주주의 인민공화국제이다.
작년 평양축전 갔을 때
인민문화궁전 앞에서 뒷굽이 떨어져 나갔고
고려호텔 지하 수선실에서 북녘 봉사원 아저씨가
한 달러 받고 정성껏 고쳐준 것이다.
내가 지금 피우고 있는 담배는
조선민주주의인민공화국제이다.
'금강산'은 약간 쓰고 '평양'은 피울만하다.
내가 지금 먹고 있는 백두산 들쭉술은
고려호텔 매점 판매원이
내 방까지 날라다 준 것이며
내가 지금 먹고 있는 고사리는
백두산에서 다섯 달러 주고 사온 것이다.
내가 지금 먹고 있는 돌버섯은

묘향산 호텔에서 샀으며
내가 지금 보고 있는 평양관광 안내 책은
인민대학습당 꼭대기에서 산 것이다.
아 통일은 이미
내 몸에 있고
내 허파에 있고
내 위 속에 있고
내 눈 속에 있고
내 오른쪽 구두 밑에 있다.

제 5 부 2005-2009

작은 사랑이 지나가게 만든다면서

어떤 저항

모의고사 보는 날,
점심시간이 평소와 조금 달라졌다고
정해진 반 순서대로
'질서 있게' 줄을 안서고
미친놈들처럼 학생식당 앞으로 마구 달려와
개떼처럼 이리몰리고 저리몰리고 하길래
나도 아이들 따라 미친놈처럼 이성을 잃고
몽둥이를 막 휘두르면서
점심식사 지도를 마치고
교무실 내 자리에 와 앉았는데
엉덩이가 축축한 게 이상해
벌떡 일어나 의자를 내려다봤더니
글쎄 그새 어떤 놈이 내 의자 방석에
물을 부어 놓고 도망갔던 것이다

마음 1

왜
마음에는
굳은살이
박이지 않을까

자화상 2
- 술값

말 많이 하고 술값 낸 날은
잘난 척한 날이고
말도 안하고 술값도 안 낸 날은
비참한 날이고
말 많이 안하고 술값 낸 날은
그중 견딜만한 날이지만
오늘, 말을 많이 하고 술값 안 낸 날은
엘리베이터 거울을
그만 깨뜨려 버리고 싶은 날이다.

아버지 10
- 납골묘

가족 납골묘를 만들기 위해
꼭 25년 만에 열어본 아버지 무덤은
살은 다 썩었지만
값싼 중국산 수의 때문이었는지
베에 나일론이 많이 섞였는지
하나도 썩지 않은 베 때문에
비록 두개골은 금이 갔으나
실에 온 뼈가 칭칭 감겨
시커먼 유골은 하나도 흩어지지 않았고
25년 전 누운 모습 그대로였다.
나일론 줄이 그의 몸뚱아리를 칭칭 감아
그동안 불편했을까?
금도금한 이빨도 그대로였고
돌아가시던 날 병원에서 붙여놓았던 흰 반창고는
아직도 멀쩡한 채 눈부시게 하얬다.

아버지가 돌아가시던 해 추운 겨울은
대학도 마치지 못했던 때였다
더 이상의 공부는 사치였으므로
나는 졸업하자마자 학교 선생이 되었다.
아버지가 오래 살아계셨더라면
내 삶은 어떻게 달라졌을까?
나는 그가 가끔 술을 먹고 술주정을 하면 불편했다.
친구들 앞에서의 그의 술주정이 부끄러웠고
딱 한 번인가,
빨리 아버지가 이 세상에서 사라졌으면 하고
생각한 때도 있었다.
그런데 나는 지금 그의 사진을 학교 책상 위에 올려 놓고
가끔씩 쳐다보고 있다.
벌써 내 나이가 아버지 죽은 나이에 가까이 다가가

서인가?
　나는 이제 비로소 그의 외로움을 이해하기 시작한 것일까?
　혼자 번 월급으로 여섯 식구 먹여 살리느라
　그는 얼마나 외로웠을까?
　평생 비가 오나 눈이 오나
　햇볕이 쨍쨍 내리쬐나 바람이 부나
　버스비 아끼기 위해 집에서 기차역까지 걸어 다닐 때
　그는 얼마나 외로웠을까?
　조금 더 잘 살아보겠다고
　뒤늦게 막차로 산 개발지역 딱지가
　휴지조각으로 변해버렸을 때
　그는 얼마나 외로웠을까
　그는 얼마나 많은 불면의 밤을 지새웠을까?
　결국 그 일로 저녁밥 먹다 쓰러져

병원으로 실려 갔을 때
그는 얼마나 외로웠을까
아무도 없는 중환자실에서
마지막 단 한 마디 말도 못하고
홀로 죽음의 길 가야 했을 때
아 그는 얼마나 외로웠을까
그의 외로움 때문에
그의 뼈는 속까지 까맣게 타들어간 것일까
그래서 그의 뼈는 그렇게 속까지 시커먼 색이었을까
이제 그는 그의 7대조 할아버지부터 그의 아버지까지
모두 함께 한 곳에서 뼛가루로 누워 있으니
덜 외로울까
나도 죽어 아버지 옆에
뼛가루로 누우면
더 이상,

외롭지,
않을까

난 좌파가 아니다

"우리가 노력을 기울이기만 한다면 해결 수 있는 약자와 빈자의 고통에 무관심하고, 착취받고 괴롭힘을 당하는 존재들이 느끼는 고통에 관심을 갖지 않는다면, 그리고 최소한의 삶의 조건조차 보장받지 못하는 사람들의 고통 앞에서 주저한다면, 우리는 더는 좌파가 아니다." - 피터 싱어

비 내리는 날
낡은 유모차에 젖은 종이 박스 두어 장 싣고 가는
노파를 봐도
이제 더 이상 가슴 아프지 않으므로
난 좌파가 아니다
네온 불 휘황한 신촌
차가운 아스팔트 바닥 위
온몸을 고무로 감고
사람의 숲을 뚫고 천천히 헤엄쳐 가는
장애인을 봐도
이제 더 이상 가슴 저리지 않으므로
난 좌파가 아니다

천일 가까이 한뎃잠을 자며
농성을 벌이고 있는
노동자들을 봐도
이제 그 이유조차 궁금하지 않으므로
난 좌파가 아니다
제초제를 마시고 죽은 농민을 봐도
몸에 불 질러 죽은 농민을 봐도
아무런 마음의 동요가 없으므로
안타까운 마음이 들지 않으므로
난 좌파가 아니다
난 좌파가 아니다

오거리에서

늦은 밤
오거리에 비가 내린다
네온 간판이 속절없이 비를 맞고
먼 길 가는 빨간색 버스가 비를 뚫고
힘겹게 달린다
사선으로 내리는 비에 긴 경적으로 저항하는
노란 택시도 지나간다
우산도 없이 오거리를
종종걸음으로 혼자 걷는 사람이 있고
우산을 받고 오거리를
함께 걸어가는 팔짱 낀 연인들이 있다
오거리에 비 내리는데
저 오거리의 버스와 택시와 자동차들은
모두 오늘 밤 돌아갈 곳이 있을까
비 내리는데 우산도 없이

오거리를 혼자 걸어가는 사람은 불행할까
우산을 받고
오거리를 함께 걸어가는 팔짱낀 연인들은
오거리를 지나서도 계속 사랑할 수 있을까
늦은 밤
오거리에 비가 내린다
오거리는
온통 비에 젖어.
이제 오거리를 오가는 수많은 자동차들의 경적과
헤드라이트 불빛들마저
젖은 오거리가 모두 먹어버리고
밤은 깊어 비는 내리는데
돌아갈 곳 없는 사람들은
맛없이 짜기 만한 술안주만 타박하고
비오는 오거리를 하염없이 내려다보는 것이다

희미한 옛 세월의 그림자·3

비가 내린다.
학교 낮은 담벼락 위로
담장 옆 플라타너스 위로
아무도 놀아주지 않아
운동장에 외롭게 서있는 축구골대 위로
농구대 위로 평행봉 위로
녹슨 철봉 위로 교문 위로
비가 내린다.
아이들은 낑낑거리며 기말시험을 보고 있고
나는 이제 더 이상 학생이 아니므로
아주 여유 있는 자세로
팔짱을 풀었다 끼었다 하면서
비 내리는 교실 밖을 내다보고 있다.
아 그렇지
30여 년 전 바로 저 플라타너스를 바라보며

눈물 흘린 적 있다.
그날도 비가 왔을까?
일요일 공부하러 나온 빈 교실에 홀로 앉아
바로 저 플라타너스 바라보며
철철 눈물 흘린 적 있다.
내가 도대체 무엇이 될지 몰랐던 시절
다가올 세월에 대한 두려움,
해도 해도 나오지 않는 수학성적과
도무지 모르겠던 물리, 지구과학 그런 것들 때문에
눈물 흘린 적 있다, 라고 쓰니,
그건 거짓말이다.
눈물 흘린 적 있다.
너무 보고 싶은 사랑과
그러나 보면 안 되는 사랑과
30여년이 지난 지금도 이렇게 가슴이 저린 걸 보면

그거 사랑 맞다.
30여년이 지난 지금도
이따금 꿈을 꾸는 걸 보면
그거 사랑 맞다.
선생 되겠다고 저 교문을 나선지 30년 만에
정말 선생 되어 돌아와
아이들을 감시하거나
비 내리는 운동장을 바라보면서
내 가슴 위로도 철철 비 내린다.
세월이 이렇게 흘러갔으나
그리하여 이렇게 나이 먹었으나
아아, 나는 어찌하여 하나도 나아지지 않았나?

시간은 사랑이 지나가게 만든다더니

- 희철에게

사랑은 시간이 지나가게 만들고,
시간은 사랑이 지나가게 만든다더니,
너 가고 난 후
너 없는 세상이 고통스러워
죽고 못 살 것 같았는데,
이제 너를 생각하지 않고도 하루가 가고,
너를 생각하지도 않고도 일주일이 간다.
행여 너를 잊을까 두려워
여전히 내 수첩 맨 앞에,
학교 책상머리에,
집 책꽂이에,
네 사진을 붙여두고 쳐다보고 있지만,
예전 같지 않은
너에 대한 애틋하고 아련한 마음을
너는 이미 알고 있는 듯하다

그렇더라도 여전히
네가 갔던 계절의 봄꽃들,
진달래나 혹은 목련,
개나리나 또는 벚꽃을 보고 있으면
가슴이 먹먹하고 슬픔이 밀려오는 건 어쩔 수 없다.
그리하여
네가 불렀던 '거리에서',
네가 좋아했던 '눈물' 같은 노래들을
난 여전히 틀어대고 있다.
요즘 나는 두렵다.
네가 목숨까지 바쳐 만들고자 했던 세상,
네가 꿈꾸었던 세상이
점점 더 멀어지고 있는 것 같아서 두렵다.
적은 분명하지 않고,
세상은 갈수록 더 극악해지고,

오히려 자포자기는 늘어가고
분노는 거꾸로 옅어지는 세상이 두렵다.
솔직히 말하면 나도 조금 쉬고 싶다.
나는 사라지고 내 껍데기만 왔다 갔다 하는 내 모습을 보고
네가 살았다면 뭐라고 했을까?
그래, 형, 조금 쉬어, 라고 했을까?
아니면 너 죽기 얼마 전처럼
불같이 화를 냈을까?
올봄 네 모교로 학교를 옮겼다.
1학년 담임을 맡았고
막내아들 뻘 되는 아이들을 가르치면서
가끔 신이 나 아이들과 시시덕거린다.
문득 이렇게 살아도 좋겠다고 생각했을 때
네가 살았다면 이런 내 모습을 보고 뭐라고 했을까?

그래, 형, 조금 쉬어, 라고 했을까?
아니면 너 죽기 얼마 전처럼
불같이 화를 냈을까?
내가 잘하고 있는 지 못하고 있는지,
이렇게 살면 되는지 안 되는지,
그 누구에게도 물어볼 곳 없는
이 세상이 참 외롭다.
네가 살아 있었을 때,
한밤중이건 벌건 대낮이건
내가 전화만 누르면
내 옆으로 득달같이 달려왔던 때가 생각나
지금도 술이 취하면 네 전화번호를 누르려고 하는
내 버릇에 깜짝 놀란다.
시간은 사랑이 지나가게 만든다더니
그건 헛말인가.

술 잔뜩 취한 밤,
이제 이 세상엔
더 이상 내말을 끝까지 들어줄 사람도
더 이상 나를 혼낼 사람도 없다는 사실을 확인 하고는
철철 울면서 집으로 돌아가곤 하는 것이다.

― 발문 ―

평범의 비법

박두규(시인)

지금껏 시를 써오며 내 스스로 가장 중요하게 생각하는 것은 '울림'이었던 것 같다. 제아무리 멋진 시라 해도 '울림'이 없으면 생명이 없는 시라고 생각했다. 그리고 한때 그 '울림'은 어떻게 생성되는지, 무엇으로부터 오는 것인지를 고민했었던 것 같다. 지금은 '울림'은 다양한 것들로부터 오며 개인차도 있기는 하지만 일반적으로는 '솔직함'과 '진정성'으로부터 온다는 것이 나의 생각이다. 솔직한 심정, 진정어린 마음 등이 적절한 표현을 통해 잘 드러날 때 시의 '울림'이 커지고 우리의 마음이 움직이기 때문이다.

요즘 시들이 상당히 어려워졌다고 하는 것도 이 '울림'이 약해진 것과 무관하지 않을 것이라고 생각한다. 독자는 물론 시인들과 평론가들조차 시들이 많이 어려워졌다고 말한다. 시가 어려워진 것은 무엇 때문일까? 시가 어렵다고 말하는 것에도 다양한 이유들과 개인차가 존재하겠지만 나는 창작자의 일상 삶 속에 일상의 솔직함과 삶의 진정성에 어떤 문제가 있기 때문일 거라고 말하고 싶다. 적어도 '울림'은 어렵지 않고, 읽는 순간 바로 오기 때문이다.

  위의 내용은 신현수 시선집의 발문을 쓰기 위해 그의 시들을 다시 읽어 보다 자연스럽게 떠오른 생각들을 간단히 정리해 본 것이다. 신현수의 시는 잘 읽혀졌다. '솔직함'과 '진정성'이 있었고 '울림'이 있었기 때문이다. 어쩌면 신현수는 시를 정말 쉽게 쓰는 사람일 거라고 생각해 본다. 그리고 그는 실제로 일상에서 보아도 누구에게나 솔직하고 진정으로 마음 써주는 사람이고 게다가 쉽고 만만하게 보이는 사람이다. 생김새부터 그렇다. 작은 키에 평범한 얼굴, 평범한 말투에 소시민적인 두려움과 걱정을 가지고 사는 평범한 사람이 신현수다.

희고 가느다란 내 손목을 본다
아버지 퇴직금으로
사범학교를 간신히 졸업하여
분필을 잡지 않았다면
이 손목으로 어디서 무엇을 할 수 있었을까
　　　　　　　　　　　－「손톱을 깎으며」부분

겨우 돈 5만 원 넣어 주면서
그가 조직사건에라도 엮여 감옥에 가게 되면
통장에 돈 넣어준 나도 끌려가게 되는 것을 아닐까하는
한심한 생각을 했고,
　　　　　　　　　　　－「이미혜」부분

　그는 사범학교를 겨우 졸업했고 교무실에 유인물을 돌려야 하는 날이면 전날 저녁부터 가슴이 두근거리는 사람이었고 노동운동가의 통장에 돈 5만 원 넣어주며 자신도 끌려가게 되는 것을 아닐까하는 생각을 하는 평범한 시민이다.

하지만 그는 생긴 그대로 살고 주어진 상황을 그대로 받아 곧이곧대로 살아내는 사람이지만 그렇기 때문에 신현수는 신현수다운 삶을 사는 것이고 또 그 누구도 그를 흉내 낼 수 없는 그만의 삶을 사는 사람이다.

그래서 어쩌면 신현수처럼 자기 방식대로 삶을 사는 사람도 흔치 않을 것이다. 어느 누구, 어느 무엇에 의해 살지 않고 분명하게 자기 자신을 사는 것, 두려우면 두렵다고 말하고 걱정되면 걱정하며 사는, 어떤 강한 의지나 신념을 가지고 투철하게 그것을 극복하는 인내와 끈기……. 이런 것들이 아니라 그냥 주어진 현실을 피하거나 외면하지 않고 어쩔 수 없이 그대로 받아들여 자신의 방식대로 살아내는 삶이 신현수의 삶이다. 평범한 소시민의 삶이며 보편적 삶이지만 진실된 삶이다. 신현수 시의 현주소는 여기 어디쯤에 자리 잡고 있다.

그는 첫 시집부터 다섯 번째 시집까지 일관되게 솔직함과 진정성의 시를 써왔다. 그리고 그 모든 시들의 소재는 자신의 활동 현장과 그 속의 사람들이다. 그럴 수밖에 없는 것이 그는 전교조 출범과 함께 해직된 이후

줄곧 우리 사회 변혁운동의 현장에 있었기 때문이다. 게다가 그는 자신이 살고 있는 인천 지역사회 운동 판에서 이런저런 감투를 쓰고 있었다. 그의 저서 표지 날개에 소개된 빽빽한 그의 이력을 보면 좀 의아스럽다. 남과 달리 어디가 좀 특출한 것도 없는 평범하고 소심한 사람이 무슨 지도력이 있어서 그렇게 많은 단체를 돌아다니며 수장의 직책을 맡았을까 하는 생각이 안 들 수 없다.

  하지만 한 번 더 짚어보니 충분히 그럴 수 있었을 거라는 생각이 들었다. 그는 자기 일상에 주어진 상황현실에 그대로 순응하며 사는 사람이기 때문이다. 어려우면 어려운대로 두려우면 두려운 대로 힘들면 힘든 대로 현실에 순응할 도리밖에 별 뾰쪽한 수를 가지고 있는 사람이 아니기 때문이다. 나무처럼 비가 오면 맞고 바람이 불어도 그대로 받아들이고 누가 도끼로 찍어도 어디로 도망갈 수도 없이 그대로 찍혀야 하는 그야말로 어떤 빽이나 방패도 없이 주어진 대로 살 수밖에 없는 어쩔 수 없는 서민이기 때문이다. 그리고 조금 달리 표현하면 성실한 생명력을 가진 평범한 시민이기 때문이다.

그런 그였기에 지역 운동 판에서 누구나 꺼려하는 그 바쁘고 심난한 직책들을 맡지 않았나 생각한다. 거기에다 하나를 더 보태자면 사람에 대한 사랑, 인정이 많은 사람이어서 어쩔 수 없이 그런 한 시절을 보낼 수밖에 없었을 것이다. 그의 3시집 『이미혜』를 보면 운동 현장에서 만난 사람들의 이야기로 가득하다.

> 계절이 바뀔 때마다 기침이 그치지 않는
> 미혜는 내 동생인데
> 대학도 졸업하고 운전면허증에 선생 자격증도 있는 나는
> 테트리스도 아주 잘 할 줄 아는 나는
> 그에게 아무 것도 해준 것이 없다.
> (중략)
> 나를 비롯한
> 그에게 아무 것도 해준 것 없는 자들이여
> 한번이라도 역사에 대하여 생각해 본 적이 있다면
> 그의 피와 땀을 기억해야 한다.
> (중략)

만일 더 이상 운동이 필요 없는 세상이 되면
그를 제일 좋은 집에서 살게 해야 하고
가장 좋은 차를 태워야 한다.
철마다 옷도 한 벌씩 사줘야 하고
계절이 바뀔 때마다 기침이 그치지 않는
그의 천식을 반드시 고쳐줘야 하는 것이다.

                            -「이미혜」부분

하나둘 내 곁을 떠나갔을 때
추석 전날 저녁
많은 사람들 고향 찾아 떠날 때
나 찾아갈 고향도 부모도 없어 혼자 빈방에 남았을 때
몸까지 가눌 수 없을 정도로 아파 쓰러져 누웠을 때
온 몸에서 식은땀이 났을 때
혼자 그 식은땀을 내 손으로 훔쳐냈을 때
나 참 외롭기도 했었네.
주소만 보고 물어물어 찾은 동생의 방
컵 라면 껍질만 굴러다니던 동생의 방

-「나, 이용규」부분

　이 시들을 보면 90년대 각 지역의 운동판이 한눈에 들어온다. 신현수는 그 시절 민주화운동, 통일운동, 노동운동 등이 하나로 어우러져 한참 치열하게 진행되던 한복판에 있었다. 새가슴을 가지고 조마조마 하며 살던 사람이 이제 '변화 발전'(시 「나는 변화 발전하는 인간입니다」 참조)하여 '정보과 형사를 보아도 가슴 철렁 안 내려앉고 태연히 인사'하며 아는 체하고 다닌다. 그리고 많은 사업 속에서 만난 사람들에 대한 동지적 애정도 각별하게 깊어진다. 세상에 변하지 않는 것이 없다는 진리를 생각하면 신현수는 그 세월을 보내며 스스로 '변화 발전'했을 것이다. 그리고 번다한 사회활동 과정에서 그 많은 사람들을 만나며 사람에 대한 정(情)도 친인척이나 친구들의 범주를 넘어서 동지들에 대한 사랑과 사회적 약자에 대한 연민의 정, 보편적 자비와 사랑의 영역으로 확대되었을 것이다.
　하지만 그는 겉으로는 여전히 철저하게 상황에 순종

하며 현실을 사는 삶을 살고 있다. 다시 말하면 소시민 적인 민초 그대로의 삶을 살고 있다. 아니 실제로 그게 그의 전부인지도 모른다. 물처럼 컵에 담기면 컵 모양이 되고 대접에 담기면 대접 모양이 되고 바다에 담기면 바다가 되는 물처럼, 대중 속에 하나의 대중으로 서민 속에 하나의 서민으로, 진정 가장 현실적으로 현실 그 자체를 사는 사람인지도 모른다. 사실은 그게 신현수의 솔직함이고 진정성인지도 모른다. 열악한 조건으로 날아온 민들레 홀씨 하나가 그 어려운 상황 속에서 뿌리를 내리고 역경을 극복하여 마침내 꽃을 피우지만 보상을 바라면서 화려한 장미나 백합으로 변신하지 않고 타고난 생명 그대로 민들레꽃을 피우는 것처럼 자신만을 있는 그대로 살아내는 솔직함과 진정성, 그것이 신현수인지도 모른다.

   나는 고등학교 국어선생이라
   큰 이변이 없는 한 매 달 월급 꼬박꼬박 나올 테고
   내가 하는 인천연대는 민민운동도 아니고

요즘 유행하는 소위 시민운동이니
당장 잡혀갈 염려도 당장 학교에서 쫓겨날 염려도 없으면서
백 명이나 되는 인천연대 상임대표이니 제법 폼도 나면서
그러면서 남들처럼 게으르거나 나태하게 살지는 않는다는
자부심도
스스로 느껴가면서
노숙자가 쓰레기통 옆에서 얼어 죽고
그 시체를 쥐가 뜯어먹을 때까지 사람들이 몰랐었다는 신문 기사를 보고
아직도 이런 일이 있다니 가슴이 몹시 아프군
적당히 분노나 하면서.
  - 「나는 이 세상이 정말 바뀌기를 원하고 있을까」 부분

그리고 그는 결코 평범한 소시민이 하는 것은 아닌 이런저런 시민운동을 하면서도 평범한 범인의 삶을 있는 그대로 살아내기 때문에 늘 반성과 자책이 따른다. 하지만 그의 평범함이야말로 대단히 인간적이다. 신념에 찬 영웅적 활동가보다는 주어진 자기 현실 속에서 할 수

있는 만큼은 군말 없이 해내며 모두의 아픔을 추스르는 사람, 자신을 한꺼번에 던지지는 못하지만 끝까지 던지는 사람, 그렇기 때문에 참으로 인간적일 수밖에 없는 사람이 신현수다. 그는 평범한 소시민으로 일상의 사사로운 일 속에서 늘 안타까워하고 후회하고 자책하고 살지만, 사실 그 속에 그의 삶에 대한 솔직함과 진정성이 깊게 내재되어 있다. 그의 시가 가지고 있는 울림통은 바로 그곳에 있다.

 말 많이 하고 술값 낸 날은
잘난 척한 날이고
말도 안 하고 술값도 안 낸 날은
비참한 날이고
말 많이 안 하고 술값 낸 날은
그중 견딜 만한 날이지만
오늘, 말을 많이 하고 술값 안 낸 날은
엘리베이터 거울을
그만 깨뜨려 버리고 싶은 날이다.

- 「자화상. 2 - 술값」 전문

비 내리는 날
낡은 유모차에 젖은 종이 박스 두어 장 싣고 가는
노파를 봐도
이제 더 이상 가슴 아프지 않으므로
난 좌파가 아니다
네온 불 휘황한 신촌
차가운 아스팔트 바닥 위
온몸을 고무로 감고
사람의 숲을 뚫고 천천히 헤엄쳐가는
장애인을 봐도
이제 더 이상 가슴 저리지 않으므로
난 좌파가 아니다
천일 가까이 한뎃잠을 자며
농성을 벌이고 있는
노동자들을 봐도
이제 그 이유조차 궁금하지 않으므로

난 좌파가 아니다.

- 「난 좌파가 아니다」 부분

  그는 이렇게 철저하게 평범한 시민으로서 시민운동을 하는 사람이지만 산전수전 다 겪으며 단련되어진 사람이다. 다시 말하면 그의 평범성이나 소시민성은 지극히 인간적인 삶 속에서 나오는 것이며 진정한 민초의 생명력과 다르지 않은 것이다. 그래서 아래의 시처럼 그는 지극히 소시민적인 삶 속에 한반도의 현실을 체화해낼 수 있는 내공을 소유할 수 있었던 것이다.

  내가 지금 신고 있는 구두 오른쪽 뒷굽은
  조선민주주의 인민공화국제이다.
  작년 평양축전 갔을 때
  인민문화궁전 앞에서 뒷굽이 떨어져 나갔고
  고려호텔 지하 수선실에서 북녘 봉사원 아저씨가
  한 달러 받고 정성껏 고쳐준 것이다.
  내가 지금 피우고 있는 담배는

조선민주주의인민공화국제이다.
'금강산'은 약간 쓰고 '평양'은 피울만하다.
내가 지금 먹고 있는 백두산 들쭉술은
고려호텔 매점 판매원이
내 방까지 날라다 준 것이며
내가 지금 먹고 있는 고사리는
백두산에서 다섯 달러 주고 사온 것이다.
내가 지금 먹고 있는 돌버섯은
묘향산 호텔에서 샀으며
내가 지금 보고 있는 평양관광 안내 책은
인민대학습당 꼭대기에서 산 것이다.
아 통일은 이미
내 몸에 있고
내 허파에 있고
내 위 속에 있고
내 눈 속에 있고
내 오른쪽 구두 밑에 있다.
    - 「내가 지금 신고 있는 구두 오른쪽 뒷굽은」 전문